© 2005 Interpill Media, Agentur für
Kommunikation & Entertainment GmbH, Hamburg

© 2005 Lappan Verlag GmbH
Postfach 3407, 26024 Oldenburg
www.lappan.de, E-Mail: info@lappan.de

Gesamtherstellung:
Leo paper products, Hong Kong
Printed in China
ISBN 3-8303-6099-1

Ende des Lebens mit drei Buchstaben? Ehe.

Mike Krüger, Entertainer

Wer behauptet, Sex vor der Ehe sei verboten, spinnt. Wie soll man einen Kerl, der nicht gut im Bett ist, wieder loswerden, wenn man ihn schon geheiratet hat?

Geri Halliwell, engl. Popsängerin

Die Flitterwochen sind vorüber, wenn der Hund die Pantoffeln bringt und die Frau einen anbellt.

Danny Kaye, US-Filmkomiker

Ehe – ein Vertrag, bei dem der Mann auf die eine Hälfte der Lebensmittel verzichtet, damit sie ihm die andere kocht.

Fred Feuerstein, Comic-Figur

Ich hatte noch nie Streit mit meiner Frau. Bis auf das eine Mal, als sie mit aufs Hochzeitsfoto wollte.

Mehmet Scholl, Fußballer

Die meisten Frauen wählen ihr Nachthemd mit mehr Verstand als ihren Ehemann.

Helen Mirren, engl. Schauspielerin

In der Ehe kämpft der Mann zuerst um seine Vorherrschaft, dann um seine Gleichberechtigung und schließlich um seine Duldung.

Sir Peter Ustinov, Schauspieler

*Die Ehe ist ein viel zu
interessantes Experiment,
um es nur einmal
zu versuchen.*

Rita Hayworth, US-Schauspielerin

Heirat ist eine Geiselnahme unter Mitwirkung des Staates.

Bernd Stelter, Entertainer

Ehen werden im Himmel geschlossen. Deshalb fallen nach der Hochzeit auch so viele aus allen Wolken.

Lauren Hutton, Ex-Model und Schauspielerin

Eine Frau zu heiraten, weil man sie liebt, ist zwar eine Entschuldigung, aber kein Grund.

Robert Lembke, TV-Moderator

Ich will ganz in Ruhe heiraten, allein für mich.
                                    Axel Schulz, Ex-Boxweltmeister

*Viele Männer wären gerne verheiratet,
nur nicht vierundzwanzig Stunden täglich.*
                                    Meryl Streep, US-Schauspielerin

*Die Ehe ist wie eine belagerte Burg:
Die, die draußen sind, wollen rein,
und die drinnen wollen raus.*
                                    John Cleese, engl. Schauspieler

Eine Umfrage hat ergeben, dass Männer für eine halbe Million Euro bis zu drei Jahre auf Sex verzichten würden. Drei Jahre ohne Sex – also eine ganz normale deutsche Ehe.

Kaya Yanar, TV-Entertainer

Mein größtes Verlustgeschäft war meine Ehe – ansonsten bin ich zufrieden.

Boris Becker, Ex-Tennisprofi

Die Liebe ist das Licht des Lebens – in der Ehe kommt dann die Stromrechnung.

Steve Martin, US-Schauspieler

Vom Liebhaber kann man, aber vom Ehemann darf man nichts erwarten.

Michaela May, Schauspielerin

56 Prozent der Frauen bestrafen ihre Männer gern mit Sexentzug – oder wie es in Deutschland heißt: Ehe!

Anke Engelke, TV-Entertainerin

Die typischen Stufen einer Ehe sind: Kuscheln, Klammern, Katastrophenmanagement.

Harald Schmidt, Talkmaster

Nach der Hochzeit versucht jede Frau, den Mann zu dem zu machen, was er vor der Hochzeit zu sein behauptete.

Micheline Presle, französ. Schauspielerin

Der Führerschein gibt einer Frau das Recht, ein Auto oder eine Garageneinfahrt zu ruinieren. Der Trauschein gibt einer Frau das Recht, dasselbe mit einem Mann zu machen.

Didi Hallervorden, Kabarettist

Was ist der Unterschied zwischen einer finnischen Hochzeit und einer finnischen Trauerfeier? Auf der Trauerfeier gibt es einen Besoffenen weniger.

Mike Krüger, TV-Entertainer

Wenn eine Frau herausfinden will, wie ein Leben ohne Mann wäre, sollte sie heiraten.

Naomi Campbell, Top-Model

Ich habe mit meinen beiden früheren Ehen Pech gehabt. Die erste Frau verließ mich, die zweite tat es nicht.

Woody Allen, US-Schauspieler

Der kluge Ehemann kauft seiner Frau nur das teuerste Porzellan. So kann er sicher sein, dass sie es nicht nach ihm wirft.

Bob Hope, US-Filmkomiker

Die Ehe ist in Ordnung, wenn man den Papagei verkaufen kann.

Senta Berger, Schauspielerin

Eine gute Ehefrau unterstützt uns in Krisen, in die wir ohne sie nicht geraten wären.

Danny DeVito, US-Schauspieler

Den idealen Ehemann erkennt man daran, dass er mit einer anderen Frau verheiratet ist.

Faye Dunaway, US-Schauspielerin

Die Ehe ist eine gerechte Einrichtung: Die Frau muss jeden Tag das Essen kochen und der Mann muss es jeden Tag essen.

Alberto Sordi, ital. Filmkomiker

Ohne meine Frau wäre die Ehe erträglich.

Don Herold, US-Schriftsteller

Es ist schon komisch, dass ein Mann, der sich um nichts auf der Welt Sorgen machen muss, hingeht und eine Frau heiratet.

Eminem, US-Rapper

Was tragisch ist? Ihn aus Liebe zu heiraten – um dann festzustellen, dass er pleite ist.

Mena Suvari, US-Schauspielerin

In Hollywood heiratet man frühmorgens. Geht die Ehe schief, ist wenigstens nicht der ganze Tag vermasselt.

Bruce Willis, US-Schauspieler

Wenn ein Mann sich zur Heirat entschließt, ist das vielleicht der letzte Entschluss, den er selber fassen konnte.

Désirée Nick, Kabarettistin

Irgendetwas stimmt nicht mit mir, sonst wäre ich verheiratet.

George Clooney, US-Schauspieler

Ehebruch ist, wenn zwei falsche Leute das Richtige tun!

Mike Krüger, TV-Entertainer

Ehemänner sind vor allem dann gute Liebhaber, wenn sie ihre Frauen betrügen.

Marilyn Monroe, US-Schauspielerin

85 Prozent der Frauen finden ihren Arsch zu dick, fünf Prozent zu dünn – und zehn Prozent würden ihn wieder heiraten.

Stefan Raab, TV-Entertainer

*Eine Frau macht sich
Sorgen um die Zukunft.
Sie heiratet.
Ein Mann macht sich keine
Sorgen um seine Zukunft.
Bis er heiratet.*

Ricky Martin, puertorican. Pop-Sänger

*Pavarotti hat eine blutjunge Ehefrau.
Er könnte altersmäßig ihr Vater sein —
gewichtsmäßig sogar ihre Eltern!*

Harald Schmidt, Talkmaster

*In der Ehe sind schlagfertige
Antworten eine todsichere Rettung —
vor allem dann, wenn man darauf
verzichtet.*

Bette Midler, US-Schauspielerin

*Hinter jedem erfolgreichen Mann steht
eine erfolgreiche Frau. Und hinter ihr
steht seine Ehefrau.*

Groucho Marx, US-Komiker

Es war eine fast perfekte Ehe. Sie wollte nicht und er konnte nicht.

Spike Milligan, US-Komiker

Ehemänner sind wie Kaminfeuer. Passt man nicht auf, gehen sie aus.

Farrah Fawcett, US-Schauspielerin

Oft könnte es ein schöner Abend auf dem Sofa werden, aber dann entschließt sich die Ehefrau, ein Gespräch zu beginnen ...

Hans Werner Olm, Kabarettist

*Viele Männer,
von denen man glaubt,
sie seien gestorben,
sind in Wirklichkeit
bloß verheiratet.*

Gwyneth Paltrow, US-Schauspielerin

Die Ehe ist für einen Mann unausweichlich – so wie die Steuer.

Jürgen von der Lippe, Entertainer

Bei einer Trennung gibt jeder Ehemann zu, dass beide Seiten schuld sind: Ehefrau und Schwiegermutter.

Meg Ryan, US-Schauspielerin

Ich habe gelesen, letztes Jahr haben in Deutschland 388 431 Menschen geheiratet. Ich will ja nicht unken, aber müsste das nicht eine gerade Zahl sein?

Mike Krüger, TV-Entertainer

Kluge Frauen arbeiten nicht für ihren Lebensunterhalt. Sie heiraten.

Danii Minogue, brit. Top-Model

Eine Ehe ist wie ein Restaurantbesuch: Man denkt immer, man hat das Beste gewählt, bis man sieht, was der Nachbar bekommt.

Bernd Stelter

Die zweite Ehe ist der Triumph der Hoffnung über die Erfahrung.

Samuel Jackson, US-Schauspieler

*Die Ehe ist der Versuch,
zu zweit mit den
Problemen fertig zu werden,
die man alleine
nie gehabt hätte.*

Woody Allen, US-Schauspieler

Wenn ich mit meiner Frau immer diskutiert hätte, würden wir heute noch mit den Hochzeitsgästen vor der Kirche stehen.

Gerd Dudenhöffer, Kabarettist

Ich glaube nicht, dass verheiratete Männer länger leben. Es kommt ihnen nur so vor.

Sir Peter Ustinov, engl. Schauspieler

Ich weiß fast nichts über Sex, ich war immer verheiratet.

Zsa Zsa Gabor, US- Schauspielerin

Meine Frau ist für mich ein offenes Buch – geschrieben nur in einer mir unverständlichen Sprache.

Jochen Busse, TV-Entertainer

Man soll ja nicht glauben, dass die Ehe einfacher als das Zölibat ist.

Joseph Ratzinger, Erzbischof (jetzt Papst Benedikt XVI)

Weißt du, welche Sorte Männer heiratet? Solche, die unbedingt ihre Mutter wiederhaben wollen.

Cynthia Nixon, US-Schauspielerin

Zum Zustandekommen einer Ehe gehören selbstverständlich zwei Personen, nämlich die Braut und ihre Mutter.

Joey Adams, US-Schriftsteller

*Man soll nur schöne Frauen heiraten.
Sonst hat man keine Chance, sie
wieder loszuwerden.*

Rod Stewart, engl. Rocksänger

*Das liebe ich an meiner Frau:
Sie sagt mir tausend Dinge, ohne
mit mir zu sprechen.*

Danny DeVito, US-Schauspieler

*Sex ist beim Mann ein natürlicher
Trieb, der mit der Pubertät beginnt
und mit der Ehe endet.*

Diane Keaton, US-Schauspielerin

Über siebzig Prozent der Jugendlichen sagen inzwischen sogar schon, sie wollen keinen Sex vor der Ehe. Da frag ich mich doch: Wenn nicht vor der Ehe, wann dann?

Richard Rogler, Kabarettist

*Warum soll ich heiraten?
Ein Sportmoderator
muss ja auch keinen
Marathon laufen.*

Linda de Mol, TV-Moderatorin

Nach einer neuen Untersuchung hat der verheiratete Mann täglich vierzehn Minuten lang Sex - inklusive der zwölf Minuten, die er darum betteln muss.

Conan O'Brien, US-Talkmaster

Diese Hochzeit war wie alles bei Reiner Calmund, eine reine Bauchentscheidung.

Stefan Raab, TV-Entertainer

Das Geheimnis einer langen Ehe? Die richtige Frau finden und alt genug werden.

Philippe Noiret, französ. Schauspieler

Heirate um Gottes willen nie wegen des Geldes. Du leihst es dir billiger!
                Prinz Frederick von Anhalt, Gatte von Zsa Zsa Gabor

Auch wenn du dich mit dem Mann deiner Träume vermählt haben solltest, 14 Jahre später bist du mit einem furzenden Sofa verheiratet.
                Roseanne Barr, US-Schauspielerin

Urlaub mit der eigenen Frau oder – wie viele auch sagen: „Inselduell."
                Harald Schmidt, Talkmaster

Eine Ehe kann nicht glücklich werden, wenn der Gatte in blinder Unwissenheit gewählt wurde.

Loriot, Humorist

In der Ehe ist gewöhnlich immer einer der Dumme. Nur wenn zwei Dumme heiraten, kanns mitunter gut gehen.

Rowan Atkinson, engl. Schauspieler und Komiker

So eine Ehe hält heute ja oft kaum länger als eine Frisur.

Hans Werner Olm, Kabarettist

Solange die Männer nicht verheiratet sind, sprechen sie nur von ihrem Herzen. Später reden sie dann von der Galle und der Leber.

Goldie Hawn, US-Schauspielerin

Der einzige Geschäftszweig, bei dem die Mehrzahl der leitenden Personen von Frauen besetzt ist, ist die Ehe.

Robert Lembke, TV-Moderator

David und Victoria Beckham haben in Marokko ihr Eheversprechen erneuert – und das hat ihnen so viel Spaß gemacht, jetzt wollen sie das nach jedem Seitensprung machen.

Anke Engelke, TV-Entertainerin

Heirat ist eine Dummheit, die man nur zu zweit begehen kann.

Rudi Carrell, TV-Entertainer

*Das sind die drei
Säulen unserer Kultur:
Hochzeit, Mahlzeit
und Freizeit!*

                    Matthias Beltz, Kabarettist

Die EU-Osterweiterung hat viele Vorteile, vor allem für deutsche Landwirte: Endlich Schluss mit den vielen Formalitäten bei der Einreise der Ehefrau.

Bernd Stelter, Kabarettist

Heute haben es Frauen nur noch beim Friseur eilig, unter die Haube zu kommen.

Joachim Fuchsberger, Schauspieler

In zwei Lebensphasen verstehen uns die Männer nicht. Vor der Heirat und nach der Heirat.

Victoria Beckham, Ex-Spice-Girl

Viele Ehemänner glauben, dass das Wort „Lebensgefährtin" von „Lebensgefahr" kommt.

Hans Schroth, Kabarettist

Heirate einen Verwandten! Wenn es danebengeht, bleibt es wenigstens in der Familie.

Sarah Jessica Parker, US-Schauspielerin

Uma und ich haben sehr hart an unserer Ehe gearbeitet. Nun wissen wir, warum wir nicht mehr miteinander leben können.

Ethan Hawke, US-Schauspieler

Ich würd Dieter Bohlen nicht zur Heirat mit Estefania raten. Verona und Naddel drohen mit altem Brauchtum: Entführung der Braut.

Kalle Pohl, Kabarettist

Eine gute Ehefrau vergibt ihrem Mann, wenn sie sich geirrt hat.

Emma Thompson, britische Schauspielerin

Wer auf der Bühne steht, landet auch bei den Frauen. Früher zumindest war das so. Heute bin ich verheiratet.

Ottfried Fischer, Kabarettist und Schauspieler

Das Geheimnis einer glücklichen Ehe? Totale Unterwerfung!

Will Smith, US-Schauspieler

Bücher, die Spaß bringen!

Gesagt ist gesagt!

Frauen
über Männer
ISBN 3-8303-6085-1

Männer
über Frauen
ISBN 3-8303-6084-3

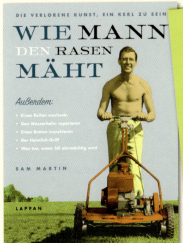

Wie Mann den Rasen mäht
ISBN 3-8303-6078-9

Wie Mann den
Haushalt führt
ISBN 3-8303-6094-0

Wir senden Ihnen
gern unser
Gesamtverzeichnis:

Lappan Verlag GmbH
Postfach 3407
26024 Oldenburg

oder besuchen Sie uns
im Internet unter:
www.lappan.de
oder per E-Mail:
info@lappan.de